Todos los libros de Linkgua Ediciones cuentan con modelos de Inteligencia Artificial entrenados por hispanistas. Pregúntale al chat de tu libro lo que desees acerca de la obra o su autor/a.

Para ebooks: Accede a nuestro modelo de IA a través de un enlace.

Para libros impresos: Escanea el código QR de la portada con tu dispositivo móvil.

Obtén análisis detallados de nuestros libros, resúmenes, respuestas a tus preguntas y accede a nuestras ediciones críticas generativas para una experiencia de lectura más enriquecedora.
La transparencia y el respeto hacia la autoría de las fuentes utilizadas son distintivos básicos de nuestro proyecto. Por ello, las respuestas ofrecen, mediante un sistema de citas, las fuentes con las que han sido elaboradas.

Juan Ruiz de Alarcón

# Quién engaña más a quién

Barcelona 2025
Linkgua-ediciones.com

# Créditos

Título original: ¿Quién engaña más quién?



e-mail: info@linkgua.com

Diseño cubierta: Michel Mallard

ISBN rústica ilustrada: 978-84-9007-172-4.
ISBN tapa dura: 978-84-9007-983-6.
ISBN ebook: 978-84-9816-760-3.

# Sumario

# Brevísima presentación

## La vida

Juan Ruiz de Alarcón y Mendoza (1581-1639). México.

Nació en México y vivió gran parte de su vida en España. Era hijo de Pedro Ruiz de Alarcón y Leonor de Mendoza, ambos con antepasados de la nobleza. Estudió abogacía en la Real y Pontificia Universidad de la Ciudad de México y a comienzos del siglo XVII viajó a España donde obtuvo el título de bachiller de cánones en la Universidad de Salamanca. Ejerció como abogado en Sevilla (1606) y regresó a México a terminar sus estudios de leyes en 1608.

En 1614 volvió otra vez a España y trabajó como relator del Consejo de Indias. Era deforme (jorobado de pecho y espalda) por lo que fue objeto de numerosas burlas de escritores contemporáneos como Francisco de Quevedo, que lo llamaba «corcovilla», Félix Lope de Vega y Pedro Calderón de la Barca.

# Quién engaña más a quién

## Personajes

Criados
Don Diego, galán
Don Enrique, galán
Don Juan, galán
Don Sancho, viejo
Doña Elena, dama
Doña Lucrecia, dama
El Duque de Milán
Hernando, su criado
Inés, criada
Ricardo, escudero
Tristán, gracioso

## Jornada primera

(Salen don Diego y doña Elena.)

Diego

Yo vine, Elena querida,
a Milán a pretender;
no a competir, no a perder
por temerario la vida.
El duque sé que conquista
con poder y amor tus prendas.
No sé cómo te defiendas
ni cómo yo le resista;
que en la gran desigualdad
de su estado y mi ventura,
la confianza es locura
y el valor temeridad.

Elena

A quien de veras desea,
y a quien estima el favor,
no deja vista el Amor
con que los peligros vea;
y si acusan la osadía
pensamientos castigados,
atrevimientos logrados
condenan la cobardía.
Giges, humilde villano,
pretendió y gozó atrevido
la corona del rey lido,
y de la reina la mano;
Viriato fue un pastor,
Tolomeo fue un soldado,
y uno y otro por osado

se coronó emperador.
Venció animoso Teseo
la voraz biforme fiera,
para que Ariadna fuera
de su vitoria trofeo.
El tracio músico amante
con el canto lisonjero
candados rompió de acero,
puertas abrió de diamante;
y su Eurídice perdida,
contra el estatuto eterno,
rescatada del infierno,
vio la luz, volvió a la vida.
Tú pues, ¿por qué desconfías,
y con frívolas excusas
temeridades acusas
en lícitas osadías?

Diego

Porque en esos el intento
no dejó de ser locura,
aunque tuviesen ventura
en lograr su atrevimiento;
y yo para merecerte
intentar tal desvarío,
si en mis fuerzas no me fío,
no he de fiarme en mi suerte.

Elena

En las empresas de amor
toda la felicidad
consiste en la voluntad,
y es la fortuna el favor;
y no siendo yo mudable,
tu desconfianza es loca

mientras gozas de mi boca
el céfiro favorable.

Diego

Mal lo entiendes, pues si aliento
tu céfiro en mi favor,
su tranquilidad mayor
causa mi mayor tormento;
que es el duque poderoso,
yo pobre, aunque soy honrado;
y cuanto yo más amado,
ha de estar él más celoso;
y tu más cierta esperanza
es mi peligro mayor,
pues ha de ser tu favor
la espuela de su venganza.
Y así, pues de cualquier modo
ha de ser fuerza perderte,
yo quiero evitar la muerte,
para no perderlo todo.

Elena

No soy tan necia, ni es justo,
que quiera tener segura
con su rigor mi ventura,
y con su pena mi gusto;
y así, quiero que te impida
esos temores mi amor,
aventurando mi honor
para asegurar tu vida.

Diego

¿Cómo?

Elena

Invención se me ofrece,
cuanto atrevida, segura.

Pero ya la noche oscura
luces del Sol desvanece,
   y a mi padre estoy temiendo.
Vuélveme a ver a deshora;
que no tengo espacio agora
de decirte lo que emprendo.

Diego — Cuando la noche ligera
en su carro tachonado
de estrellas haya pasado
la mitad de su carrera,
   en tus balcones veré
anticipada la aurora.

Elena — Yo el Sol que mi pecho adora
en ellos aguardaré.

(Vanse. Salen don Enrique y Tristán, de noche con linterna encendida.)

Tristán — ¿Hoy la viste, y ya la adoras?

Enrique — Sí, Tristán; que es Dios Amor,
y su poder el favor
no ha menester de las horas.
   Con razon la solicito;
que es, según me han informado,
noble y rica.

Tristán — ¡Buen bocado!
Pero costará buen grito.
   ¡Plegue a Dios no dés venganza
a la ofendida Lucrecia,

a quien tu rigor desprecia,
y enloquece tu mudanza;
  y cuando vuelvas amante
como primero a querella,
no te suceda con ella
lo que al otro caminante!

Enrique
Y ¿qué fue el caso?

Tristán
Pasaba
por la quinta de un su amigo,
cuando el cielo, ya mendigo
de luces, amenazaba
  con negros preñados senos
de las nubes, tempestades,
negadas de oscuridades
y acreditadas de truenos.
  Rogóle que se quedara;
mas resistió el caminante,
y pasó al fin adelante;
y en partiéndose, dispara
  el austro su artillería,
y sacudiendo las alas,
lluvias de líquidas balas
airado a la tierra envía.
  El caminante afligido
a la quinta volvió huyendo;
cerrada la halló, y diciendo:
«Abridme; que arrepentido
  vuelvo ya», le respondió
el otro: «En vano os volvistes,
porque si os arrepentistes,
también me arrepiento yo».

Yo temo el mismo desdén
en Lucrecia; que ofendida,
la has de hallar arrepentida
cuando tú lo estés también.

Enrique

Si consiste su venganza
en llegar a arrepentirme,
mi nuevo amor es tan firme,
que no es sujeto a mudanza;
más ya han abierto un balcón
de Elena.

Tristán

¿Quieres hablar?

Enrique

Primero me he de informar
del estilo y condición
y las costumbres de Elena;
que el doctor, si cuerdo es,
antes se informa, y después
las medicinas ordena.

Tristán

Yo fui a llamar cierto día
para un enfermo un doctor,
y él, sin saber el dolor
o enfermedad que tenía
me dijo: «Mientras se ensilla
mi mula, mancebo, id,
y que le sangren decid;
que yo voy luego».

Enrique

La silla
de su mula merecía

tan sabio físico.

(Salen doña Elena e Inés, a la ventana.)

Elena — Inés,
esto es amor, ésta es
su violencia y tiranía.

Inés — No culpo su atrevimiento
en quien como tú le adora;
mas dificulto, señora
que consigas el intento.

Elena — Bien sé que es dificultoso;
mas cuando entiendan mi engaño
vendrá a ser el mayor daño
publicarse que es mi esposo,
y ésta es mi mayor ventura.

Inés — Del duque temo el rigor.

Elena — Pues sabe tanto de amor,
disculpará mi locura.

(Don Enrique y Tristán hablan aparte.)

Tristán — Gente viene.

Enrique — Cubre bien
esa linterna.

Tristán — Por Dios,

que o yo me engaño, o son dos.

Enrique — Pues ¿no somos dos también?

Tristán — Pocos somos.

Enrique — Pues, Tristán,
el temor puedes vencer;
que yo he de reconocer
cualquiera que de galán
de Elena indicios me dé;
que a este fin apercebido
de esa linterna he venido.

Tristán — Si estás resuelto, yo haré
lo que suelo.

(Salen don Diego y Hernando, de noche.)

Diego — Centinela
en esta esquina has de ser;
que el duque tiene poder
y rondando se desvela.
En viendo gente, al instante
me avisa.

Hernando — Advertido quedo;
Que si no el cuidado, el miedo
Me hiciera ser vigilante.

(Retírase Hernando.)

Tristán — De los dos se queda el uno

y el otro, según parece
e sin duda quien merece
ser Júpiter de esta Juno.

Enrique Señas hace a la ventana.

Elena ¿Es don Diego?

Diego Soy, señora,
el que tu belleza adora
como a deidad soberana.

Elena Logremos pues los instantes.
Oye, mi bien, la invención
con que aspiro en mi afición
a ser ejemplo de amantes.

Diego Ya te escucho.

(Bajan la voz, y hablan aparte Tristán y don Enrique.)

Tristán Pues ¿qué esperas
con esto que viendo estás?

Enrique Con esto, me alientan más
esperanzas lisonjeras.

Tristán ¿Por qué?

Enrique Porque he visto agora
que es humana esta mujer,
y yo quiero pretender,

más que a Penelope, a Flora.

Tristán

Concluyóme tu argumento,
don Enrique; que no en vano
Dijo el refran castellano:
«Quien hace un cesto hará ciento.»

Enrique

Con todo, me viene a dar
esta experiencia cuidado;
porque el celar ha empezado
donde empezó el esperar;
y así, para prevenir
los casos, quiero, Tristán,
conocer este galán,
con quien he de competir.

Tristán

¿Cómo?

Enrique

Fingirme quisiera
justicia.

Tristán

Delito es grave;
mas culpa que no se sabe,
es como si no lo fuera.

Enrique

Con esta traza imagino
que aseguro tu temor.

(Don Diego a doña Elena.)

Diego

Los quilates de tu amor
muestra tu ingenio divino,

y me dispongo al efeto.

Elena Pues recibe este papel,

(Deja caer un papel y don Diego no le halla.)

para que suplas con él
de la memoria el defeto,
si algun punto se te olvida.

Inés Gente viene.

Elena Adiós.

Diego Elena,
mañana acaba mi pena.

Elena Mañana empieza mi vida.

(Retíranse doña Elena e Inés.)

Hernando ¡Pese a tal, señor! ¿No ves
que viene gente? ¿Qué esperas?

Diego Avisármelo pudieras
a mejor tiempo.

(Recata el rostro.)

Enrique ¿Quién es?

Diego ¿Quién me lo pregunta así?

Enrique La justicia.

Diego Un caballero.
Soy español.

Enrique Saber quiero
qué aguarda parado aquí.

Hernando (Aparte.) (Aquí nos coge.)

Diego Sacando
un lenzuelo, salió en él
acaso envuelto un papel,
y le estábamos buscando;
que puede ser que me importe.

Tristán (Aparte.) (Buena la trazó.)

Diego Y querría
que, pues es la cortesía
tan natural de la corte,
Y a sazón habéis llegado
con esa luz, permitáis,
para que os satisfagáis
y yo salga de cuidado,
que le busquemos.

Enrique (Aparte.) (De Elena
debe de ser el papel.

Lleve uno mío por él.)

(Saca un papel de la faltriquera y arrójale en el teatro, y luego lo levanta él mismo, y se lo da a don Diego.)

Más me obliga vuestra pena
que el buscar satisfacción;
que en vuestro modo se ve
que excede a la mayor fe
sola vuestra información.

Diego — Merced me hacéis.

Enrique — Yo sospecho
que le he hallado. Véislo aquí.

Diego — Dios os guarde; que de mí
podéis estar satisfecho
que de vuestra cortesía
no olvide la obligación.

Enrique — Vuestra hidalga condición
ha dado ejemplo a la mía.

(Vanse don Diego y Hernando.)

Tristán — Felizmente ha sucedido.
Si te hubieras informado
Del nombre, casa y estado...

Enrique — El temor no es advertido
y el delito es temeroso.
Aun de su rostro no puedo

dar señas.

Tristán

Ni yo; que el miedo
me cegó, y él receloso
lo encubrió. Pero, señor,
¿qué buscas?

(Alza don Enrique el papel de Elena.)

Enrique

Este papel;
Que uno mío di por él
a este amante.

Tristán

¡Lo que Amor
sabe de engaños!

Enrique

Yo leo.
Ten y alumbra.

Tristán

¿Pues aquí?
¿Tanta prisa tienes?

Enrique

Sí;
que es mal sufrido el deseo.
Mi sospecha confirmó;
que dice la firma «Elena».

Tristán

Por su mano se condena
quién firma lo que escribió.

(Lee.)

Enrique

«Yo tengo en Lima un hermano llamado

don Juan de Herrera, que salió de aquí con don Estéban de Herrera, hermano de mi padre, veinte años ha, siendo él de siete. Nadie en Milán le conoce; y esto, y el estar mi viejo padre casi ciego, me asegura para que finjas ser este hermano mío, y que te vienes por haber muerto nuestro tío; y así, viviendo conmigo, perderás los recelos que te atormentan —Elena.»

Tristán

¿Hay enredo más extraño?

Enrique

¿No fuera bueno, Tristán,
a Elena y a su galán
darles con su mismo engaño?

Tristán

Heroica hazaña sería,
si la alcanzases, señor;
que dar con la misma flor
es flor de la fullería.
Y digo, si esta invención
consiguieses, que no fueras
don Enrique de Contreras,
sino otro griego Sinón.

Enrique

Si de la edad la mudanza
y el transcurso de los años
para tan nuevos engaños
a Elena dan confianza
segura de que su hermano
no puede ser conocido;
siendo yo recién venido,

y teniendo de la mano
de la misma Elena escrito
este papel, que ha de ser,
si se viniere a saber,
disculpa de mi delito,
¿quién puede mejor que yo
fingir que es don Juan?

Tristán — Bien dices.
Los osados son felices;
que los temerosos no.

Enrique — ¡Qué bien sabes obligar
animando y concediendo!

Tristán — Yo soy criado, y pretendo
servir, y no aconsejar.

Enrique — Ánimo pues; que a lo menos,
cuando no alcance mi amor
así de Elena el favor,
Impediré los ajenos.

Tristán — Con eso vendrás a ser
el perro del hortelano,
y con el nombre de hermano
la podrás hablar y ver,
y gozar de los regalos
y su hacienda, aunque después,
como villano entremés,
acabe la historia en palos.

Enrique — Mi seguridad, Tristán,

consiste en este papel.

Tristán ¿Cuál fue el que diste por él
al engañado galán?

Enrique Verélo.

Tristán Que puede ser
que en este fingido intento
te dañe, siendo instrumento
de venirte a conocer.

Enrique El romance en que la historia
de doña Lucrecia y mía
a don Alonso escribía,
era, si tengo memoria.

Tristán ¡Pese a mí!

Enrique Pues ¿qué recelas?

Tristán Ver que te nombras en él.

Enrique Poco freno es un papel
a quien pone amor espuelas.
Yo he de emprender —¡vive Dios!—
esta hazaña.

Tristán Y yo ayudarte.

Enrique Todo con ingenio y arte
se alcanza. Mueran los dos

a manos de su invención.

Tristán — Legado a determinar,
lo que importa es madrugar
y hurtarles la bendición.

(Vanse. Salen don Diego, doña Lucrecia y Hernando, con una luz.)

Diego — Lucrecia, la obligación
del que a pagar se condena
la más constante afición,
no es para el cuerpo cadena,
si es para el alma prisión.
Agradecer tu favor
es razón; mas es rigor
que pongas con duro imperio
pensiones de cautiverio
en los contentos de Amor.

Lucrecia — ¡Ay don Diego! mi cuidado
no recela injustamente;
que un constante enamorado
solo de su prenda ausente
suele hallarse violentado.
Vuestra excusa da ocasión
a más celosa pasión,
porque presumir es justo
que falta en mi casa el gusto
a quien la llama prisión.

Diego — ¿No es prision la que gozar
de la libertad me impide?
Y ¿no es rigor obligar

a un pretendiente a que olvide
sus aumentos por amar?
  Viniendo yo a pretender
oficios que me han de hacer
honrado y rico, es error
atender solo al Amor,
pudiendo a todo atender.

Lucrecia

  En vano queréis valeros
de excusas; que nadie ignora
que por cortesanos fueros
se visitan a deshora
damas, y no consejeros.

Diego

  Pues ¿solo con los oidores
se pretende? ¿No hay señores
que conviene granjear?
¿Terceros no he de obligar?
¿No he de conquistar favores?
  Y hasta agora tú, en efeto,
solo esperanzas me das;
y no es intento discreto
querer por ellas no más
que viva yo tan sujeto,

Lucrecia

  Si a la posesión, te opones
con fingidas dilaciones,
diciendo que el casamiento
puede ser impedimento
de alcanzar tus pretensiones.
  ¿por qué te quejas aquí
de que solas esperanzas
has alcanzado de mí,

si en lo demás que no alcanzas,
te debes quejar de ti?

Diego

No me quejo; mas te advierto
que aunque tuvieras por cierto
que a otros gustos atendía
mientras tú no fueras mía,
no hiciera gran desacierto
cuanto más cuando el cuidado
de tu pecho receloso
debe estar asegurado
con la palabra de esposo
que mi firmeza te ha dado
y, al fin, mientras mi afición
no llega a la posesión
que en ti pretende y adora
no es el venir a deshora
exceso que dé ocasión
a un incendio tan violento.
A tu cuarto te retira,
moderando el sentimiento
con que me culpas; y mira
que apuras mi sufrimiento
con celos tan mal fundados,
que parecen afectados;
y pensaré —por los cielos—
que finges como los celos
los amorosos cuidados.

Lucrecia

Solo falta que me arguyas,
con causas mal presumidas,
de engañosa, y que atribuyas
a mi fe culpas mentidas,

para desmentir las tuyas;
mas pues mi vista te enfada,
del mal voy desengañada
que en ser tu esposa pretendo;
que si deseada ofendo,
¿qué he de esperar alcanzada?

(Vase.)

Hernando

Señor, no la dejes ir,
pues te da ocasión tan buena
para acabar de reñir,
y con tu adorada Elena
has de ir mañana a vivir.

Diego

Déjala con su pasión;
que la tengo obligación,
y no puedo serle ingrato,
pues con tan hidalgo trato
sustenta mi pretensión,
remediando con largueza,
como sabes, mi pobreza.

Hernando

¿Luego mudas parecer
y determinas perder
la ventura y la belleza
que te ofrece la afición
de Elena, con la invencion
que esta noche habeis trazado?

Diego

¿Cómo puede enamorado
perder tan alta ocasion?

Hernando Pues ¿qué has de hacer?

Diego Ocultar
de Lucrecia mi mudanza,
mientras pueda sustentar,
desmentir y dilatar
mi invención y su esperanza
hasta que habiendo logrado
con Elena mi cuidado,
ni tema su sentimiento,
ni pueda impedir mi intento
la palabra que la he dado.

Hernando Dices bien; que es de temer,
si airada se desenfrena,
la furia de una mujer.

Diego Llega la luz; que de Elena
el papel quiero leer.

(Llega la luz Hernando, y abre el papel de don Enrique don Diego.)

Hernando Señor, ¿no es de la invención
memoria?

Diego Sí.

Hernando Las dos son,
y pues la lición sabemos,
mañana la pasaremos.

Diego ¿Quieres tú que un corazón
loco, de amor, que ha alcanzado

letras de su dulce dueño,
sin haberlas trasladado
al alma, le rinda al sueño,
tranquilamente el cuidado?
La letra no es de mujer,
y son versos.

Hernando — Con leer
saldrá tu imaginación
presto de esta confusión.
No te quieras parecer
al necio que cuando da
el reloj, pregunta la hora.
Lee pues; que él lo dirá,
y no discurras, agora
que dando el reloj está.

(Lee.)

Diego — «La ocupación cortesana,
don Alonso, no me deja
escribiros tantas veces
cuantas mi amistad quisiera...»

(Sale doña Lucrecia, al paño.)

Lucrecia (Aparte.) — (Mal se sosiega un agravio.
Ved si en vano se recela
mi pecho. Leyendo está
un billete.)

Hernando — Las tinieblas
de la noche te engañaron,

y en vez del papel de Elena
hallamos este romance,
descuido de algún poeta.

Diego — Eso es lo cierto. A buscarle
al punto importa que vuelvas.

Hernando — ¿Al punto?

Diego — Al punto.

Hernando — ¿No basta
buscalle cuando amanezca?

Lucrecia (Aparte.) — (¡Quién los pudiera entender!
¿Qué consultas serán éstas?
Mas, pues hablan con recato,
cierto es que son en mi ofensa.)

Diego — ¿No echas de ver cuánto importa?

Hernando — ¿Qué importa cuando se pierda,
si de memoria sabemos
cuanto contienen sus letras?

Lucrecia (Aparte.) — (Ya me falta la paciencia.)
(Adelántase.) Enemigo, ¿qué secretos
y qué pláticas son éstas?
Suelta el papel.

(Coge el papel.)

Diego — Necia estás

de celosa.

Lucrecia Acaba, suelta.

Diego Si con eso has de dejarme,
tómale, para que veas
tu locura en mi verdad,
y en tu engaño mi paciencia.

Lucrecia Yo lo veré.

Hernando Mal conoces
de mi señor la fineza.

Lucrecia Pues vos, ¿qué habéis de decir,
alcahuete?

Hernando Tomaos ésa.

(Lee.)

Lucrecia «La ocupación cortesana,
don Alonso, no me deja
escribiros tantas veces
cuantas mi amistad quisiera;
demás, que para encantar
hay aquí tantas sirenas,
que el más prevenido Ulises
en este golfo se anega.»
¿Tantas sirenas, don Diego,
hay en Milán que os diviertan?
¿luego no soy sola yo,

ni son sin causa mis quejas?

Diego Prosigue el papel, verás
cuán sin razón me condenas.

(Lee.)

Lucrecia «Y porque me habéis pedido
que os dé siempre larga cuenta
de mis cosas, atended;
que aquí mi historia comienza.
Libre de amor paseaba,
cuando en Dios y en hora buena
di en una Circe en hechizos...»
Don Diego, ¿qué Circe es ésta?

Diego El papel lo dirá. lee.

(Lee.)

Lucrecia «...como Venus en belleza;
al fin toda me agradó.»
Y tú ¿agradástela a ella?

Diego El papel lo dirá. Lee.

(Lee.)

Lucrecia «Seguíla y supe quien era.»
Claro está que no te había
de quedar por diligencia.

(Lee.) «Y en buen hora sea mentado,

la tal dama era doncella.»
¿Qué importa? Dale palabra,
como a mí, cuando lo sea;
mas ya no debe de serlo,
pues que dices que lo era.

Diego — Pesada, Lucrecia estás.
¿De qué indicios argumentas
qe soy quien escribe yo,
si no es aquésa mi letra,
ni en mi vida hice una copla?

Lucrecia — El papel lo dirá. Espera.

(Lee.) — «Era, aunque huérfana, rica,
en nombre y beldad Lucrecia.»

Diego — ¿Cómo?

Lucrecia — ¿Ves cómo el papel
atestigua lo que niegas?
¿En coplas anda mi nombre,
y mi fama en estafeta?

Diego — ¿No hay más Lucrecias que tú?

Lucrecia — Para ti no hay más Lucrecias
donde tantas cosas juntas
te culpan y te condenan.

(Aparte a su amo.)

Hernando Señor, ¿qué puede ser esto?

Diego Un confuso mar me anega.

(Lee.)

Lucrecia «Admiréme, entré en su casa
honestamente compuesta,
donde una Aldonza, su tía,
era el dragón de Medea.»
¿Hay más Lucrecias que yo?
¿Al fin, ni es tuya esa letra,
ni has hecho verso en tu vida?

Diego Prosigue el papel, Lucrecia
sin glosarle hasta acabarle;
que me apuras la paciencia.

(Lee.)

Lucrecia «Era una vieja Creusa
aquello, y Dios nos defienda,
que llamo estantigua yo,
y que llaman otros dueña.
Doña Claudia y doña Julia
eran de labor doncellas;
que ya son también donadas
las familias escuderas.
Su poco de gentilhombre
ea jayán de la puerta,
de la silla precursor
y Judas de la despensa.
Un perro braco de falda

con collar y con guedejas
era delicia del dueño
y tormento de la dueña.»
¿También de estas niñerías
importaba darle cuenta?

Hernando ¡Qué bien informado estaba
el socarrón del poeta!

(Lee.)

Lucrecia «Los pasos acostumbrados
de un pobre que galantea
anduvo mi amor siguiendo,
ya en visitas y ya en fiestas.
Paró al fin en concertar
que me casase con ella;
que el tramposo y codicioso
fácilmente se conciertan.»
¿Cómo es esto del tramposo?
Don Diego, saber quisiera
de cuál de los dos se entiende.

Diego De mí, si tanto me aprietas
y a preguntar te anticipas
lo que es más fácil que sepas,
prosiguiendo, sin matarme
con tus comentos, la letra.

(Lee.)

Lucrecia «Hícele promesa, al fin,
de esposo; que las promesas

para engañar deseosos
son poderosas terceras.»
Acabóse. La celada,
don Diego, está descubierta.
¿Al fin habéis de engañarme?
¡Buena quedara de necia
si a crédito de palabras
la posesión os vendiera!
¿Así paga obligaciones,
así beneficios premia,
así a finezas se obliga
quien de tan noble se precia?

Diego — Dame, Lucrecia, el romance,
deja que todo lo lea.
Entendamos esta enigma.

(Toma a doña Lucrecia el papel y lee.)

«La promesa pudo tanto,
o tanto el amor en ella,
que por no ser yo Tarquino,
Lucrecia no fue Lucrecia,
y antes de ser desposada
la hermosa infanta fue dueña.»

Lucrecia — ¿Cómo?

Hernando (Aparte.) — (¡Malo!)

Diego — Pues ¿qué dices,
Lucrecia? Agora comienzan

mis descargos y tus culpas,
porque yo hasta agora apenas
alcancé de ti una mano;
y esto es fuerza, pues confiesa
que alcanzó la posesión,
que de otro amante se entienda.

Lucrecia ¿Fundar quieres tus disculpas
en lo que fundo mis quejas?
Si antes de alcanzar te jactas
después de alcanzar, ¿qué hicieras?
¿Quién te fiara su honor?

Diego Oye el papel. No pretendas
rebatir mis argumentos
con sofísticas respuestas.

(Lee.) «La posesión conseguida
me enseñó la diferencia
de alcanzar a desear,
pues en rozando sus prendas,
como otras veces solía,
aborrecíla y dejéla.»
¿Yo, por dicha, hete dejado,
Lucrecia?

Hernando (Aparte.) (Por Dios, que aprieta
el argumento.)

Lucrecia ¡Ah, traidor!
Díceslo así porque piensas
ejecutarlo tan presto,

que ya por hecho lo cuentas.

Hernando (Aparte.) (Sola una mujer podía
responder tal sutileza.)

(Lee.)

Diego «Con salud, y en este estado,
don Alonso amigo, queda
en Milán para serviros
don Enrique de Contreras.»

Lucrecia (Aparte.) (¡Ay de mí!)

Hernando (Aparte.) (¡Ah, en hora mala!)

Diego ¿Qué don Enrique, Lucrecia,
es éste?

Lucrecia Si estos enredos
por desobligarte inventas...

Diego ¿Que aun a tan claras probanzas
buscas frívolas respuestas?

Lucrecia ¿Pues, don Diego, cuando fuese
esta historia verdadera,
no hay más Lucrecias que yo?

Hernando (Aparte.) (Darnos quiere con la nuestra.)

Diego No, con estas circunstancias
no hay en Milán más Lucrecias,

fuera de que yo, engañosa,
no es esta la vez primera
que tuve nuevas confusas,
que agora son evidencias,
de este amor de don Enrique;
y de aquí, porque lo sepas,
nació el dilatar mis bodas
y el no cumplir mis promesas.

Lucrecia (Aparte.) (¡Ah, Enrique vil! ¿No bastaba
hacerme sola una ofensa?)

Diego ¿Quien de sí misma sabía
este delito, esta afrenta,
reñía tan rigurosa
y hablaba tan satisfecha?
Quédate, falsa, liviana;
quédate, y ya ni tu lengua
me nombre, ni en tu memoria
viva esperanza tan muerta;
que convencida tu culpa
y averiguada mi ofensa,
pues sin honor pretendías
que yo la mano te diera,
no podrás negar al menos
que es tan limitada pena
dejarte, que a mi piedad
debes gracias, y no quejas.

Lucrecia Aguarda, señor.

(Aparte a su amo.)

Hernando — Por Dios,
que te ha venido de perlas
la ocasión para dejarla.

(Vanse amo y criado.)

Lucrecia — Escucha, don Diego, espera...
Mas ¿qué detengo con ruegos
a quien huye con ofensas?
¡Ah, villano don Enrique!
¡Plega a Dios que, pues me cuesta
tu engaño el honor, te cueste
a ti la vida mi afrenta!

(Vase. Salen don Enrique y Tristán, de camino, y don Sancho.)

Sancho — En tan buen hora volváis,
hijo querido, a mis ojos.
Cuantas lágrimas y enojos
con la ausencia me costáis.
Volvedme a abrazar. La muerte
de don Esteban de Herrera
mi hermano, solo pudiera
con la venturosa suerte
de veros tener consuelo;
que a tantos años de ausencia
faltaba ya la paciencia.

Enrique — Bien sabe, señor, el cielo
que quisiera el corazón,
para evitar tus enojos,
que me volviese a tus ojos

menos funesta ocasión.

Sancho — Cosas son que Dios ordena.

Tristán (Aparte.) — (Hasta agora bueno va.)

(Sale Elena.)

Elena — ¡Que vino mi hermano ya!

Tristán (Aparte.) — (Aquí es Troya.)

Enrique — ¡Amada Elena!

Elena (Aparte.) — (Pero ¿qué es esto? ¡Ay de mí!)

Enrique — ¿Es posible que te veo?

Elena — Yo te abrazo, y aun no creo,
que tal dicha merecí.

Tristán (Aparte.) — (Eso a los bobos; que ha dado
vuestra invención en vacío,
y ésta es la hora en que fío
que hubiérades vos tomado
por más dichoso partido
que una mina reventara
y los huéspedes volara.)

(Sale Inés.)

Inés — Aunque esta dicha he sabido
la postrera, no lo soy

en el gusto. Dale a Inés
don Juan, mi señor, los pies...

(Aparte.) (Mas ¡ay!)

Enrique Los brazos te doy.

Tristán (Aparte.) (Ya tengo mi quebradero
de cabeza también yo.)

(Aparte a ella.)

Inés ¿Qué es esto, Elena?

Elena Llegó
el hermano verdadero
cuando aguardaba el fingido.

Tristán (Aparte.) (A nublo tocan. Su pena
publican Inés y Elena.)

Sancho Fatigado habréis venido.
Entrad, hijo, a descansar.

Enrique Con veros he descansado.

(Vase don Sancho. Hablan aparte Tristán y su amo.)

Tristán ¡Vive Dios, que la han tragado!

Enrique Ninguno puede alcanzar,
Tristán si no se aventura.
Ya logré el atrevimiento,
Fortuna. Logre el intento

de lograr esta hermosura.

Tristán
Ya con su engaño, señor,
se engañó Elena. Confía,
que la mayor fullería
es dar con la misma flor.

(Vase don Enrique y hablan aparte doña Elena e Inés.)

Elena
¿Cómo haremos, Inés, di,
para avisar a don Diego
de este caso?

Inés
Tu amor ciego
solo confíe de mí
tu secreto.

Elena
Pues tomar
puedes luego, Inés, el manto;
que por lo que importa tanto
todo se ha de atropellar.

(Vase.)

Tristán
Inés...

Inés
¿Qué quieres?

Tristán
Espera.
Yo sea muy bien venido.

Inés
¿Y qué se hubiera perdido

cuando mal venido fuera?

Tristán

¿Con tan necia sequedad
respondes a mis cuidados?
Mas siempre en los desposados
la primera es necedad.

Inés

¡Qué espacio para mi prisa!
Suelta.

Tristán

Irás a calentar
agua de piernas y dar
un perfume a la camisa
para el huésped, por cumplir
con uso tan excusado.

Inés

Ése es mi mayor cuidado.
Iré a lo menos a huir
de un huésped tan deseoso
en todo de parecerlo,
que aun no ha dejado de serlo
en la parte de enfadoso.

(Vase.)

Tristán

¡Ah, Inés, cómo estáis cerril!
Pues, ¡ay de vos si os abrasa
amor ajeno; que en casa
se os ha entrado el alguacil!

Fin de la primera jornada

## Jornada segunda

(Salen don Diego Y Hernando, de camino.)

Hernando — ¿En fin hoy vamos los dos,
si la tramoya no erramos,
a vivir con quien amamos?

Diego — Fuerza es ya.

Hernando — Pues dé nos Dios
la ventura de un soplón
que lo tiene por oficio,
sin que en algún beneficio
le acomoden la facción.

Diego — Acometamos, Hernando,
pues ya la suerte se echó.

Hernando — Ánimo, señor; que yo
—¡vive Dios!— que voy temblando.
Mas en una duda están
solícitos mis cuidados.

Diego — Di.

Hernando — Si por nuestros pecados
vienen cartas de don Juan
a su padre, ¿qué has de hacer?

Diego — No es ésa dificultad;
que con la caduca edad

tanto ha llegado a perder
  la vista el viejo, que Elena
o yo le hemos de servir
de secretario, y fingir
o que la carta es ajena,
  o más antigua la fecha
que mi partida. De modo
sabremos trazarlo todo,
que ni indicio ni sospecha
  del engaño ha de tener.

Hernando

Otra duda. Si en Milán
hay quien conozca a Don Juan
o a ti, ¿cómo puede ser
  no se desate el enredo?

Diego

Viviré tan retirado,
tan secreto y recatado,
que lo dilate, si puedo,
  hasta ver de mi intención
el efeto.

Hernando

Bien está;
que entre tanto morirá
el leonero o el león.

Diego

Entremos.

Hernando

¡Nombre de Dios!
Turbados muevo los pies.

Éste es el viejo.

(Salen don Sancho y Tristán.)

Sancho ¿Quién es?

Diego O miente el alma, o sois vos,
señor, don Sancho de Herrera.

Sancho Yo soy.

Diego ¡Padre de mi vida!
Dadme esa mano querida.

Tristán (Aparte.) (¡Malo!)

Sancho ¿Qué decís?

Diego ¿Qué espera
vuestra mano y vuestros brazos,
que a vuestro hijo don Juan,
padre mío, no le dan
tan deseados abrazos?

Sancho ¿Vos sois don Juan?

Tristán (Aparte.) (Aquí es Troya.
Voy a avisar a mi dueño.)

(Vase Tristán.)

Diego Yo soy don Juan.

Sancho ¿Velo o sueño?

Hernando (Aparte.) (Errada va la tramoya.)

Diego Si lo dudáis porque vengo
sin vuestra orden, padre mío,
con la muerte de mi tío
pienso que disculpa tengo.

Sancho O estoy loco o vos lo estáis,
o hay aquí muy grande engaño.

Diego ¿Qué es esto? ¡Que tan extraño,
padre y señor, recibáis,
tras tantos años de ausencia,
a un hijo recién venido!

Sancho El seso tengo perdido,
si no pierdo la paciencia.

(Salen don Enrique y Tristán.)

Enrique ¿Qué es esto, padre?

Diego (Aparte.) (¡Ay de mí!)

Hernando (Aparte.) (Acabóse. Padre dijo.)

Sancho Que teniendo solo un hijo,
hallo, como veis aquí,
dos que afirman que lo son.

Enrique ¿Qué decís?

Sancho Este galán
dice también que es don Juan.

Diego Y es verdad.

Enrique ¿Hay tal traición?

(Sale doña Elena.)

Elena (Aparte.) (¡Qué gran yerro! ¡Ay desdichada!
¡Que no le avisase Inés!)

(Aparte a su amo.)

Tristán (Aparte.) (Libra el remedio en los pies;
que aquí no has de ganar nada.)

Enrique ¿Sois loco o sois embustero?

Diego Si el disgusto no temiera
de mi padre, yo os dijera
si lo soy con este acero;
pero de vuestra insolencia
la verdad ha de vengarme.

Enrique A mí me quita el sobrarme
tanta razón la paciencia,
y quiero daros la pena
en el campo.

Diego Venid.

Hernando Vamos.

Tristán (Aparte.) (Con esto nos escapamos.)

(Aparte a doña Elena.)

Diego ¡No me avisaras, Elena!

Enrique Tenerme, padre, es en vano.

Diego Suelta.

Elena Detente, por Dios;
(Aparte.) (Que en cualquiera de los dos
pierdo amante o pierdo hermano.)

Tristán (Aparte.) (¡Que no le deje salir!
a escapatoria nos quita.)

Sancho Esta cuestión solicita
mi tierno amor decidir
como padre, y así quiero,
en duda, a entrambos llamar
mis hijos, más que arriesgar
la vida del verdadero
por castigar al fingido.

Enrique Yo no lo podré sufrir.

Diego Ni yo. Dejadnos salir.

Hernando Ya sospecho que han sentido
en la calle la cuestión,
y viene gente.

(Salen el Duque y criados.)

Duque ¿Qué es esto,
don Sancho?

Sancho El cielo ha dispuesto,
señor, que en tal ocasión
mi dicha os haya traído.

Diego (Aparte.) (Éste es el duque. ¡Ay de mí!)

Duque Pasaba acaso, y oí
desde la calle el ruido,
y como os tiene mi pecho
amistad tan verdadera,
si yo mismo no subiera
no quedara satisfecho.
Contadme el caso.

Sancho Mi pena
Escuchad.

(Hablan en secreto. Hablan aparte Hernando y don Diego, y Tristán con don Enrique.)

Hernando Él andaría,
como otras veces solía,
rondando la calle a Elena,
y nos ha cogido aquí

sin podernos escapar.
Hoy pienso que ha de vengar
sus celos el duque en ti.

Diego — Él no me ha visto jamás,
y el secreto de mi amor
me libra de ese temor.

Tristán — ¿De qué parecer estás?
¿Qué habemos de hacer aquí?

Enrique — Lo dicho dicho, Tristán.

Tristán — Mas; ¿si fuese éste el galán
de anoche?

Enrique — Yo no le vi
el rostro; mas es muy llano
que no es él; que no podía
Elena, viendo que había
llegado a Milán su hermano,
dejar de avisarle luego.
Éste es, sin duda, Tristán.

(Habla aparte doña Elena a don Diego.)

Elena — Di siempre que eres don Juan;
que ningún daño, don Diego,
puede resultar mayor
que a los dos nos sucediera
si acaso el duque viniera
a sospechar nuestro amor.

Diego Yo lo haré.

(Sale Inés, con manto.)

Inés (Aparte.) (¡Triste de mí!
que pienso que ha sucedido
el daño que hemos temido.
Señora...)

(Aparte a Inés.)

Elena ¡Ay, Inés! por ti
está a riesgo de perder
don Diego la vida, y yo
a opinión. Ya sucedió
cuanto mal pude temer.

Inés Yo fui a su casa a buscalle.
Dijéronme que se había
hoy mudado, y todo el día
he andado de calle en calle,
con más lenguas preguntando
y mirando con más ojos
que tienes agora enojos;
y al fin, ni de él ni de Hernando
hasta agora pude hallar
quien me diese nueva alguna.

Elena Trazólo así la Fortuna,
que cuida de mi pesar.

Sancho Éste es el caso que ha dado
ocasión a esta pendencia;

y como su larga ausencia
en mi memoria ha borrado
las especies de su cara,
y con la debilidad
de mi ya caduca edad
los órganos desampara
de la visiva potencia
la virtud, y haber pasado
de niño a varón le ha dado
tan forzosa diferencia,
ni puedo desconocer
ni conocer a ninguno;
y más dando cada uno
señas que bastan a hacer
que les dé crédito igual.

Duque ¿Quién pudo intentar mayor
atrevimiento?

(Aparte al Duque.)

Criado I Señor,
escucha. O me acuerdo mal,
o éste que agora llegó
es el fingido don Juan;
que yo le he visto en Milán
otras veces.

Criado II También yo,
y en la calle le he encontrado
de Elena, y aun con acciones
de amante; que sus balcones
le vi mirar con cuidado;

y este enredo habrá emprendido
con orden de Elena.

Duque
Sí;
que el aborrecerme a mí
de ajeno amor ha nacido.
Elena lo habrá trazado
por poderle hablar y ver;
que es galán, ella mujer,
ciego Amor, yo desdichado.
Estoy por darle la muerte.

Criado I
¿El nombre quieres cobrar
de tirano?

Duque
¿He de pasar
por este agravio?

Criado I
De suerte
te podrás hacer vengado
que padezcan él y Elena
de su delito la pena,
sin mostrarte apasionado.

Criado II
Desterrarlo de Milán
es remedio y es castigo.

Criado I
Tu parecer contradigo.

Duque
Pues ¿por qué?

Criado I
Porque podrán,
quebrantando tu preceto,

verse los dos; que no es
tan corto Milán, que estés
seguro de que en secreto
No pueda en su confusión
proseguir ocultamente
su amor; y cuando él se ausente,
si es verdadera afición
la de Elena, como estás
coligiendo de este exceso,
ha de seguirle, y con eso
del todo la perderás.

Duque ¿Tal error pueden hacer
mujeres que nobles nacen?

Criado I Si las comedias nos hacen
de lo que es o puede ser
viva representación,
desengañarte podía
lo que han hecho cada día
las infantas de León.
Lo segundo has de escoger
que a ninguno mal sucede
previniendo lo que puede
sin milagro acontecer.

Duque Bien dices; mas, ¿qué he hacer,
si todo lo dificultas?

Hernando (Aparte.) (¿Qué saldrá de estas consultas?)

Criado I Escucha mi parecer.
Afirmemos que este amante

de Elena es falto de seso,
pues este mismo suceso
es información bastante,
  y mandarás que en la casa
de los locos con cuidado
le tengan aprisionado
mientras el ímpetu pasa
  de su furioso accidente;
y así le darás la pena
de su locura, y Elena
viendo, aunque engañosamente,
  divulgada la opinión
en Milán de que es furioso,
no pudiendo ser su esposo,
le perderá la afición.

Duque
  ¡Qué bien lo sabes trazar!
No sin razón en mi pecho,
de tu ingenio satisfecho
te doy el primer lugar.

Sancho
  El tiempo, señor, dirá
cuál es el don Juan fingido
de los dos.

Duque
              Yo lo he sabido;
que información tengo ya,
  don Sancho, de que es un loco
el que dices que llegó.

Hernando (Aparte.) (Salió la sentencia.)

Criado I
                    Y yo

he sabido que no es poco,
 porque yo le he visto hacer
sin número desatinos.

Criado II	Locos hay por mil caminos;
mas nadie lo puede ser
 tanto como este español.
Yo soy testigo que un día
que dio en que engastar quería
en una sortija el Sol,
 por cogerle no cesó
de dar saltos contra el cielo,
hasta que el oscuro velo
de la noche lo escondió.

Hernando (Aparte.)	(¡Oigan cómo se levanta
un testimonio!)

Sancho	Su intento
confirma este pensamiento.
Mas, señor, lo que me espanta
 es que informado viniese
de señas tan verdaderas,
y tan en seso y de veras
hablase, que me pusiese
 en confusión tan pesada.

Tristán	Escucha. Cuando don Juan
mi señor entró en Milán,
se apeó en una posada
 a informarse de tu estado.
y su casa, por no andar
a caballo a preguntar

en pueblo tan dilatado.
   Allí con esta ocasión
contó sus casos, y creo,
por los efecto que veo,
que se halló a la relación
   este loco, y desde allí
en esta locura dio;
y aun si no me olvido yo,
me parece que le vi.

Sancho — Éste es, sin duda, el suceso.

Enrique — Claro está; que nadie fuera
tan osado, que emprendiera
sin ser loco tal exceso.

(Don Enrique habla aparte a Tristán.)

   Mil sospechas me ha engendrado,
Tristán, esta novedad
que has visto.

Tristán — Si no es verdad,
lindamente la han trovado.

(Hernando habla aparte a don Diego.)

Hernando — ¿Qué dices de esto?

Diego — No alcanza
mi discurso la intención
del duque en esta invención.

Elena (Aparte.) (Entre temor y esperanza
de un cabello estoy pendiente.)

Hernando ¿No tratas de replicar?
Advierte que con callar
te confiesas delincuente.

Diego Bien dices. Oyendo he estado.
Señor...

Duque Basta. No le oigáis
más locuras. ¿Qué aguardáis?
Haced lo que os he mandado.

Criado I Dadme la espada.

Diego Apartad;
solo al duque la daré.

Duque A mí me la dad.

Diego Si haré,
fiado en que mi verdad
brevemente hará, señor,
que me la mandéis volver;
y, en tanto, mandad prender
también mi competidor.

Duque Acabad; llevadle.

Criado I Andad.

Diego ¿Hay suceso más extraño?

¡Que tenga premio el engaño
y castigo la verdad!

(Llévanle algunos criados del Duque.)

Hernando (Aparte.) (Quiero escaparme callando;
no me hagan también prender.)

(Aparte a Hernando.)

Elena Sigue a don Diego hasta ver
donde le llevan, Hernando.

(Aparte a Inés.)

Hernando ¡Oh, Inés! ¿No nos avisaras?

Inés Todo el día os he buscado.

Hernando Si mal nos hubiera estado,
a fe que tú nos hallaras.

(Vase Hernando.)

Sancho Hijo, la mano besad
al duque.

Enrique Los pies os pido.

Duque Vos seáis muy bien venido.
Los brazos os doy; alzad.
Don Sancho, adiós, y gocéis

muchos años a don Juan.

Sancho — Los términos de Milán
al África dilatéis.

Duque — ¡Oh Elena! Ya estoy quejoso
de que habiendo estado aquí
tanto tiempo, hayáis de mí
escondido el rostro hermoso.

Elena — Del suceso de mi hermano
la turbación me ha impedido
haberos, señor, pedido
antes de agora la mano.

Duque — Alzad, alzad; que agraviáis
mi estimación.

Sancho — Blasón es
nuestro el besar vuestros pies.

Elena — Como quien sois nos honráis.

Duque — Vedme mañana, don Juan;
que a premiar en vos me mueve
la razón lo que le debe
a vuestro padre Milán.

Sancho (Aparte.) — Quien os sirve, señor, queda
premiado. (Es justo y prudente

el Duque.)

(Vanse el Duque, don Sancho y los criados del Duque.)

Enrique (Aparte.) (Fortuna, tente.
Un clavo pon a la rueda.)

Elena (Aparte.) (¡Ay don Diego desdichado!)
¿Cómo vivo?)

Inés (Aparte.) (Siempre yo
temí lo que sucedió.)

Tristán (Aparte.) (De buena hemos escapado.)

(Vanse todos. Salen doña Lucrecia y Ricardo.)

Lucrecia Muy poco os debo, Ricardo.
¿No volviérades a darme
la respuesta ayer, sabiendo
los cuidados que combaten
mi pensamiento celoso?

Ricardo Señora, acabé tan tarde
anoche la diligencia
que de mi industria fiaste,
que no quise interrumpirte
el sueño, y porque no hace
el que ha de dar malas nuevas
lisonja en apresurarse...

Lucrecia ¿Malas nuevas?

Ricardo Y tan malas
como nuevas.

Lucrecia Hablad, dadme
el veneno de una vez;
que es más rigor dilatarle.

Ricardo Siguiendo aquella mujer
que por don Diego tu amante
llegó a preguntar,
anduve, como mandaste,
de una iglesia en otra iglesia,
de una calle en otra calle,
que sin comer consumí
en esto mañana y tarde.
Vine a parar por la noche
a una casa, que por grande
y suntuosa ofrecía
de noble dueño señales.
Quise entrar con intención,
si pudiera, de informarme,
y hallé de gente del duque
ocupados los umbrales.
Reparé, y arriba oí
voces, que fueron bastantes,
por estar el duque dentro,
a prometer novedades.
A saberlas me detuve
curioso; y en esto sale
don Diego entre alguna gente,
que dio indicios de llevarle
preso según colegí
de esto y de que daba al aire

quejas de engaños premiados
y castigadas verdades.
Seguílos, y le llevaron
al fin —¡desdicha notable!—
a la casa de los locos,
que le aprisiona, por cárcel.
Esta mañana volví,
antes de verte, a informarme
de quién habita la casa
donde sucedió el desastre,
y supe que es un don Sancho
de Herrera su dueño, padre
de Elena, doncella en quien
celebra la fama un ángel.
Esto solo saber pude.
Mira si erré, en dilatarte
las nuevas que, si pudiese,
fuera mejor que callase.

Lucrecia

Más cordura hubiera sido,
pues me dejan nuevas tales
más penada y más confusa
informada que ignorante.
¡Loco don Diego! ¿Qué es esto?
Cuerdo ayer, ¿perdió tan fácil
el seso? ¿Qué puede ser?
Sin duda los celos hacen
efeto en él tan violento.
Claro es pues llevaba un áspid
en el pecho, y un infierno
en la memoria, de hallarme
sin honra cuando en mi mano
fundó sus felicidades.

¿Qué mucho que enloqueciese?
¡Ah falso, ah traidor, ah infame
don Enrique! ¡Plega a Dios
que revolcado en tu sangre
me pagues tantas ofensas,
pues que de una vez quitaste
seso y esposa a don Diego,
y a Lucrecia honor y amante!
Mas entre mil confusiones
y entre mil sospechas arde
celoso mi corazón
de esta Elena, cuyas partes
celebra tanto la fama;
que entrar en su casa, hallarle
el duque en ella, y prenderlo
por loco, dificultades
son que el pensamiento anegan.
Vuelve, Ricardo, a informarte
de todas las circunstancias
de este caso; que no cabe
el corazón en el pecho.

Ricardo

Yo lo haré; mas si tomases
mi parecer, no trataras
de esto más, pues ya casarte
no puedes con él si es loco;
y si no, puesto que sabe
tu deshonor, claro está
que él no ha de querer casarse

Lucrecia

Ricardo, todo es así;
mas dejarlo fuera darme
por vencida, y sus sospechas

confesara por verdades.
Demás que le tengo amor,
y no es posible que falte,
aunque el desengaño sobre,
la esperanza en un amante;
y así no admiréis que inquiera
de estos tan confusos lances
la verdad; que de curiosa
lo hiciera, si no de amante.
Fuera de que puede ser,
puesto que vino el romance
de don Enrique a las manos
de don Diego, que llegase
a saber por este medio
dónde está, para obligarle
a que el honor con la mano
o con la vida me pague.

Ricardo — Basta. Yo voy a servirte.

Lucrecia — Mirad, no volváis a hablarme
Ricardo, si no venís
de todo informado. Baste
que ofensas me martiricen
y que desprecios me agravien,
sin que dudas me atormenten
y confusiones me maten.

(Vanse los dos. Salen don Enrique y Tristán.)

Tristán — Ya eres capitán, señor.

Enrique Tristán, ya soy capitán.

Tristán Y muy presto de Milán
has de ser gobernador,
según el amor promete
del duque; mas no es segura
ni de un tahúr la ventura,
ni el honor de un alcahuete.

Enrique Pues, ¿soylo yo?

Tristán Tú deseas
no serlo; mas el señor
quiere a Elena, y de su amor
solicita que lo seas;
y así, aunque serlo no quieras,
pues con este fin te da
y tú tomas, claro está
que para con Dios lo eres;
y de esto vengo a sacar
en tu bien desconfianza,
porque quita sino alcanza,
el que dio por alcanzar.

Enrique Bien va hasta agora. Confía,
Tristán; que el que empieza bien
ha hecho lo más.

Tristán Tambíen
un filósofo decía
que, puesto que viene a ser
lo esencial el acabar,
no hace nada en comenzar

el que tiene más que hacer;
y supuesto que te opones
al deseo enamorado
del duque, y con tal cuidado
impides sus pretensiones;
en conociendo tu intento
dará contigo al través;
que ha de ser culpa después
cuanto es hoy merecimiento.

Enrique

Hoy del mar en que me veo,
pienso a la orilla salir;
que no puede ya sufrir
tanto silencio el deseo
demás que importa abreviar;
que es de mi atrevido intento
un engaño el fundamento,
y poco puede durar.

Tristán

¿Determinas declararte?

Enrique

Si, Tristán.

Tristán

¿No ves el daño,
que te amenaza?

Enrique

El engaño,
el ingenio, industria y arte
todo lo alcanza. De modo,
antes que lo llegue a hacer,
a Elena he de disponer,
que me asegure de todo.
Y si le vengo a decir

que soy su amante, en un punto
ha de llegar todo junto,
declarar y conseguir.

Tristán ¿Y si acaso te resiste,
o entra su padre y te halla
en la amorosa batalla?

Enrique En eso mismo consiste
el fundamento engañoso
de otro medio que prevengo
para la intención que tengo
de llegar a ser su esposo;
que este papel ha de ser
de mi disculpa y mi intento
el cauteloso instrumento.

(Muestra el papel.)

Tristán Ella viene.

Enrique Hoy has de ver
que el Amor lo alcanza todo.
Solos nos deja a los dos.

Tristán Esto es hecho. ¡Plegue a Dios
que no nos pongas del lodo!

(Retírase al paño. Sale doña Elena. Tristán al paño.)

Enrique ¿No me das, querida Elena,
la norabuena?

Elena No sé
si será bien que te dé,
hermano, la norabuena
de tu privanza y de ver
esa merced que hoy te ha hecho
el duque, cuando sospecho
que subes para caer.
No son, don Juan, los servicios
de mi padre lo que en ti
premia el duque; amarme a mí
te negocia esos oficios;
y así es fuerza, averiguado
que su injusto fin conoces,
o que afrentado los goces,
o los pierdas castigado.

Enrique Hermana, bien sé que nace
mi privanza de tu amor;
mas no admitir el favor
y la merced que me hace
es darme por entendido
de su afición, y mostrarme
si no consiento obligarme,
de su intención ofendido.
Y fuera notorio error
el publicarme celoso;
que es el duque poderoso,
y es mi paciencia el amor;
y así mi cuidado intenta
casarte, y quitarle así
una vez la causa en ti
de su amor y nuestra afrenta.
Pero tú, hermana querida,

el esposo has de elegir;
que no quiero redimir
mi peligro con tu vida.
 Dime si tienes amor;
declárame, Elena mía,
tu corazón, y confía
que no con piedad menor,
 si tienes a quien querer,
juzgue y remedie tu pena,
que tú misma. Bien sé, Elena,
que aunque noble, eres mujer,
 y aunque sé que eres honrada,
sé que eres moza también,
y no es culpa querer bien,
si es la afición recatada.

Tristán (Aparte.) (¡Qué bien dispone su intento!)

Enrique (Aparte.) (Prevención es importante
saber quién es el amante
que le ocupa el pensamiento.
 Procuraré divertir
antes de él su corazón
que le diga mi intención;
porque para introducir
 segunda forma, expeler
es forzoso la primera.)

Elena (Aparte.) (¡Qué buena ocasión tuviera
don Diego agora de ser
 mi esposo, si lo pasado
no le hubiera sucedido!
Pero mi hermano ofendido,

y él en tan mísero estado,
con la opinión de furioso
divulgada, claro está
que don Juan no le querrá
por su cuñado y mi esposo.
Yo en efeto le he perdido.
Pues declarar el engaño
fuera acrecentar el daño,
y hacer del todo ofendido
al duque de su intención,
y de su injuria a mi hermano;
y, pues hablar es en vano,
calle y sufra el corazón.)

Enrique
Habla, sola estás conmigo.
No dudes, no te suspendas
ni recatada me ofendas,
cuando amoroso te obligo.

Elena
Si he de decirte verdad,
hasta agora, hermano mío,
no ha rendido mi albedrío
al Amor su libertad;
y el suspenderme, don Juan,
ni es dudar, es recorrer
la memoria para ver
qué caballero en Milán
para mi esposo me agrada;
y mirados uno a uno,
hallo al fin que con ninguno
estaré a gusto casada.

Enrique
Yo no te doy a escoger

para ese efecto el mejor;
si tienes a alguno amor
es lo que quiero saber;
que no estando enamorada,
la elección me toca a mí,
y el obedecer a ti,
si el que eligiere te agrada.

Elena — Verdad te he dicho, don Juan.

Enrique — Júralo, Elena querida.

Elena — Por tu vida y por mi vida,
que no hay hombre de Milán
(Aparte.) que yo quiera. (Verdad juro,
pues que mi adorado preso
es de España.)

Enrique — Pues con eso
de tu verdad me aseguro,
escucha. Si un caballero
noble y español te doy
por esposo, de quien soy
retrato tan verdadero
en talle, en rostro, en edad
y en todo, que si quisiera
decir que soy él venciera
el engaño a la verdad,
¿quisiérasle, hermana? Di.
Olvida que soy don Juan.
Mírame como a galán
que está muriendo por ti,
y examina allá en tu pecho

tu secreta inclinación.

Tristán (Aparte.) (No va mala la invención.)

Elena (Aparte.) (¡Válgame Dios! Ya sospecho
algún gran mal, y no en vano,
porque mostrarse en mirarme,
en servirme y obligarme,
siempre amante más que hermano;
preguntarme tan curioso
que amante me da cuidado;
decir que es vivo traslado
del español que mi esposo
quiere hacer, pedirme aquí
que olvidando que es don Juan
le mire como a galán
que está muriendo por mí...
Sin duda el Amor tirano
le privó de entendimiento.
Mas, ¿qué nuevo pensamiento
me ocurre? ¿Si no es mi hermano?
¿Si la invención nos hurtó?
Puede ser; porque tratando
de esto ayer, me dijo Hernando
que don Diego se dejó
en la calle mi papel,
donde él lo buscó otro día,
y no lo halló; y ser podía
que éste hubiese hallado en él
su instrucción y nuestro daño;
y no es menor presunción
el venir en ocasión,
que parece que al engaño

se procuró anticipar.
Pero ¿qué estoy discurriendo,
si es tan fácil, consintiendo,
obligarle a declarar?)

Enrique ¿Qué respondes?

Tristán (Aparte.) (La sentencia
sale aquí.)

Elena Que no podía
darme la ventura mía
quien halle correspondencia
en mi esquivo corazón
sino él que has dicho, si de él
eres retrato fiel
conforme a tu relación.

Enrique (Aparte.) (¡Hay hombre más venturoso!)
¿Luego bien podré, seguro
de que tu gusto procuro
en dártele por esposo,
tratarlo, siendo verdad
que hoy su traslado en todo?

Elena Digo que sí, y es de modo
el gusto y conformidad
que siento, si le pareces
tan del todo, que he mirado
con atención y cuidado
antes de agora mil veces
las partes que puso en ti
de talle, de gentileza,

de entendimiento y nobleza
el cielo, y dicho entre mí:
«¡Oh si fuera tan dichosa
mi suerte, que mereciera
ser de un hombre que tuviera
iguales partes esposa!»
Y aun... Pero callar es justo;
que a liviandad juzgarás
lo demás.

Enrique
Di lo demás;
no me dés penado el gusto
que recibo de saber
que es tan dichoso mi amigo
que su retrato contigo
tanto pudo merecer.

Elena
Digo, don Juan, que mi pecho
alguna vez ha pasado
adelante, y me ha pesado
de ser tu hermana.

Tristán (Aparte.)
(Esto es hecho.
Declaróse, vive Dios.)

Enrique
¿Luego si yo no lo fuera,
y ser tu esposo quisiera,
estuviéramos los dos
conformes en el intento?

Elena
De ello puedo asegurarte.

Enrique
Pues, ¿que tardo en declararte,

Elena mi pensamiento?
¿Que aguardo, que no te explico
la verdad? Dame la mano.
Tu amante soy, no tu hermano.

Tristán (Aparte.) (Arrojóse el mancebico.)

Elena ¿Qué dices?

Enrique Dale los brazos
a tu amante y a tu esposo.

Tristán (Aparte.) (Andarlo.)

Elena Aparta, engañoso.

Enrique Acaba.

Elena Dos mil pedazos
me podrás primero hacer;
que cuanto he dicho fingí,
por saber lo que de ti
me dieron siempre a entender
tus ojos.

Enrique Si tú mentiste,
ya me llegué a declarar,
y forzando he de alcanzar
si engañando prometiste.

Elena ¡Padre! ¡Señor!

Tristán (Aparte.) (Voces da.

El negocio va perdido,
porque don Sancho ha sentido
la pendencia y viene ya.)

(Sale Tristán.) ¿Qué hacéis? Advertid que viene
vuestro padre.

Enrique (Aparte.) (¡De enojado
rabio! ¡Que me haya engañado!
Remediarlo me conviene.)

(Saca un papel de la faltriquera.)

¡Vive Dios, que he de abrazarte!

(Salen don Sancho e Inés. Tristán se esconde.)

Sancho ¿Qué es esto?

Elena Escucha, señor,
los engaños de un traidor.

Enrique Tienes razón de quejarte.

(Hace don Enrique que le saca un papel de la manga, de suerte que lo vea don Sancho.)

Habla, descansa.

Sancho (Aparte.) (Un papel
de la manga le ha sacado.)

Elena Por fuerza, padre, ha intentado
abrazarme; que el infiel

que estás viendo, no es don Juan.

Enrique Dices verdad. ¿Qué más quieres?

Sancho ¿Qué? ¿Qué dices?

Enrique No te alteres.
Digo que soy un galán,
señor, que a tu hija adora.
Elena ¿qué date más
que decir?

Elena No; lo demás
le toca a mi padre agora.

(Vase retirando hablando aparte a Inés.)

Inés, tú has de llevar luego
unas cartas de mi hermano,
porque de su propia mano
las copie al punto, a don Diego.

Inés ¿Para qué?

Elena Pues la ficción
de que es don Juan cobra ya
nueva fuerza, esta será
provechosa prevención.

(Vanse doña Elena y Inés.)

Tristán (Aparte.) (¡Cielos! ¿En qué ha de parar?

¡Qué lo confesase todo!
Mas confesar es el modo
más astuto de engañar,
  y él sabe más que Merlín.)

Sancho — Loco estoy.

Enrique — Agora atento
escucha del fingimiento
que has visto, señor, el fin.
  Tristán me dio noticia de que ha poco
el criado de aquél que intentó osado
fingir que era tu hijo, o cuerdo o loco,
trajo a Elena un papel, y ella lo había
leído, y en la manga lo tenía.
Pues yo, como ofendido del engaño
que pretendió, y del lance tan extraño
en que me vi por él, quise informarme
por el papel, del fin y fundamento
de su engañoso intento;
y temiendo que Elena, si entendiera
mi intención, el remedio previniera,
me pareció consejo conveniente,
para contraminarle cautamente
sus intentos, cogerle si pudiese
el billete, sin que ella lo entendiese.
Quise aquí ejecutarlo, y entre amores,
blandas caricias y requiebros, darle
un abrazo intenté para sacarle
de la manga el papel sin ser sentido.
El pecho sospechoso y ofendido,
huyó Elena, diciendo:

«¿Eres galán, don Juan, o eres hermano?»
Y al fin, el llegar tú y al mismo punto
conseguir yo mi fin, fue todo junto,
pues de la manga, sin sentirlo Elena,
le saqué este papel, que en lo que digo,
si tú lo dudas, sirva de testigo.

(Muestra el papel.)

Sancho (Aparte.) Yo te le vi sacar. (Verdad parece;
mas no del todo me aseguro. Quiero
disimular; que el tiempo y la paciencia
darán de las sospechas evidencia.)
¡Qué susto tan extraño
recibí del engaño!
Que le juzgué evidente
viéndote confesar tan llanamente.

Enrique Eso mismo debiera
obligarte a dudarlo; que no fuera
tan necio yo, ni juzgo tan liviana
a Elena, que si no fuera mi hermana,
cometiera arrojado el amor mío,
estando en casa tú, tal desvarío.
Mas de esto no hay que hablar, señor. Leamos
el papel; que esto importa, y prevengamos
remedios con secreto.

Sancho Eso conviene.

Enrique Retírate, Tristán, donde si viene

Elena nos avises.

Tristán (Aparte.) Descuida. (Él es otro segundo Ulises.)

(Retírase Tristán y lee don Enrique.)

Enrique «Elena, si te dueles de mis males,
si de tu amor no mienten las señales,
tú sola puedes remediar las penas
que, padezco entre locos y cadenas.
Un medio solo puedo hallar bastante
a este fin, y es que finjas que es tu amante
don Juan, y no tu hermano;
que siendo con tu padre poderoso
tanto tu amor, y acumulando indicios
que tú sabrás trazar, tengo por llano
que puesto que te tiene sospechoso
de la verdad el caso sucedido,
quedará fácilmente persuadido.
Grave es la empresa yo te lo confieso;
mas en quien ama no hay culpable
exceso.»
¿Qué te parece?

Sancho Temerario intento.

Enrique Y aun por eso esforzaba el fingimiento
agora, y con pregunta semejante
me indujo a confesar que era su amante.
Padre, peligros del honor no sufren
plazos ni dilaciones.
El duque amante ha puesto en opiniones
la opinión de mi hermana;

y este loco, a quien es cosa tan llana
que Elena tiene amor, no obliga menos;
casémosla, señor; corra por cuenta
de su esposo el cuidado de su afrenta.

Sancho Bien fuera, mas al duque temo airado;
que es poderoso y es enamorado.

Enrique Escucha pues atento.
Llegando de las Indias a Sevilla,
contraje allí amistad con don Enrique
de Contreras, un joven, por sus partes
y sangre, tal, que a Elena honrar pudiera
si ella más alta calidad tuviera.
Pasó conmigo a Italia, y está agora
en Nápoles. Yo intento
hacer con él de Elena el casamiento.
Yo mismo iré a tratarlo;
que es hacerlo por cartas dilatarlo;
y concertado o hecho por poderes,
para más brevedad, a darle efeto
mi hermana partirá con gran secreto
a Nápoles de modo
que de esta suerte se consigue todo,
que ella se casa bien, y tú, fingiendo,
lloroso y enojado,
con el duque, que Elena se ha escondido,
y que presames que él, pues la ha querido,
la oculta; harás que trate más de darte
satisfacciones, viéndote agraviado,
que de mostrarse sin razón airado.

Tristán (Aparte.) (Señores, ¿hay quien crea

industria igual? ¡Por Dios, que me marea!)

Sancho (Aparte.) (Mi sospecha cesó, porque si él fuera
su amante, y no su hermano, ni quisiera
darle otro esposo, ni le hubiera dado
el celo de mi honor tanto cuidado.)

Enrique ¿Qué dices?

Sancho Que me agrado, y que ya
habías
de haber partido, porque el mal es grave,
y remedio suave
no ha de poder curarlo.

Enrique Mañana he de partir a ejecutarlo.

(Vase don Sancho.)

Tristán ¡Señor!...

Enrique ¿Qué dices?

Tristán Que me tienes loco.
¿Quién te enseñó a engañar?

Enrique En las escuelas
de Amor aprendí engaños y cautelas.
A Nápoles me parto, de allí envío
poder para casarme con Elena;
pártase de Milán, y en tierra ajena
la tengo en mi poder. Mira si puedo

dudar el fin dichoso de este enredo.

Fin de la segunda jornada

## Jornada tercera

(Salen doña Lucrecia, con manto, y Ricardo.)

Ricardo
Ésta, señora, que ves
es de don Sancho de Herrera
la casa.

Lucrecia
Serlo pudiera
de un gran señor.

Ricardo
Ésta es
la de donde preso
salió don Diego, y aquí
donde el falso Enrique vi,
cuando de todo el suceso
los lances vine a saber,
como mandaste.

Lucrecia
Subid,
y que le aguarda decid,
para hablarle, una mujer.
Mas tened; que en el zaguán
prevenciones de camino
se me ofrecen. Ya imagino
que se ausenta de Milán
el traidor.

Ricardo
Lo que recelas,
señora, se ha confirmado
que hablando con su criado

baja con botas y espuelas.

(Sale don Enrique, con botas y espuelas, y Tristán.)

Enrique
Ya sabes lo que has de hacer
en esta ausencia, Tristán.
Solo te dejo en Milán
a velar, y a deshacer
los indicios que mi enredo
pueden descubrir.

Tristán
Señor,
pierde seguro el temor
de todo advertido quedo.
Confía de mi lealtad,
que mil veces moriría
antes que por culpa mía
se supiese la verdad.

Enrique
Siempre ha mostrado tu amor
en las obras tus deseos.
Llega el caballo.

Lucrecia
Teneos.

Enrique
¿Quién es?

Lucrecia
Enrique traidor,
sin vergüenza, sin honor,
¿pensábaste, di, ausentar,
desmentido, sin pagar
tan justa deuda?

Enrique (Aparte.) (¡Ay de mí!)
No des voces.

Tristán (Aparte.) (Jamás vi
encuentro con tanto azar.)

Lucrecia Enrique falso...

Enrique Habla quedo.

Tristán (Aparte.) Calla, diablo. (Voces da
diciendo Enrique, y está
bamboleando el enredo.)

Lucrecia Nunca vio la cara al miedo
la verdad, no; y ofendida
la razón es mal sufrida.
No tienes que reportarme;
que el honor has de pagarme
con la mano o con la vida.

Enrique Escúchame.

Lucrecia En vano son
las palabras, engañoso,
mientras la mano de esposo
no cumpla tu obligación.

Enrique Digo que tienes razón.
¿Quieres más?

Lucrecia Cuando te vas,
¿qué satisfacción me das

de la deuda en confesarla?

Enrique — Presto volveré a pagarla.

Lucrecia — ¿Qué sé yo si volverás,
siendo, Enrique, forastero?

Tristán (Aparte.) — (¡Darle a Enrique!)
(Aparte a su amo.) — Esta mujer
nos ha de echar a perder,
Señor.

Enrique (Aparte.) — (Remediarlo espero.)
Lucrecia, decirte quiero
verdades que te podrán
asegurar. De Milán
soy vecino; ésa que ves
es mi casa. Don Sancho es
mi padre y yo soy don Juan
no don Enrique. Entendiendo
poderme ocultar de ti,
llamarme Enrique fingí;
mas pues en vano pretendo
ocultarme ya, en volviendo,
de ser tu esposo te doy
palabra, como quien soy.

Lucrecia — Eso no. Necia sería
en fiar para otro día
lo que puedo cobrar hoy;
y más cuando haciendo están
información de que intentas
más engaños, los que inventas,

diciendo que eres don Juan;
que de algunos que en Milán
te conocen, de tu estado
y nombre me había informado
cuando me fié de ti.

Tristán (Aparte.) (La máquina acaba aquí,
si don Sancho lo ha escuchado.)
Mira que es tarde, señor.
Sube.

(Sale don Sancho, observando desde la puerta.)

Sancho (Aparte.) (¿Qué voces serán
las que oigo en el zaguán?)

Enrique Adiós, Lucrecia.

Lucrecia Traidor,
sin restaurarme el honor
no has de partir.

Enrique ¡Bueno fuera
que por ti me detuviera!
Suelta.

Lucrecia En Milán hay justicia
que castigue tu malicia.

(Sale doña Elena a la puerta y habla aparte a su padre.)

Elena ¿Qué es esto, señor?

Sancho Espera.

Enrique Pues tanto me aprietas, digo
que ni te debo el honor,
ni en ti hay sangre ni valor
para casarte conmigo.

Lucrecia Eso merece, enemigo,
la que de ti se ha fiado.

(Aparte a Tristán.)

Enrique Tristán, si nos ha escuchado
don Sancho, sabe enmendar
con mentir o con negar
el error.

Tristán Pierde cuidado.

(Vase don Enrique.)

Lucrecia Traidor, fementido, parte
huyendo, discurre el suelo;
que el duque, Milán y el cielo
me ayudarán a alcanzarte.

(Vase doña Lucrecia, y con ella Ricardo.)

Sancho (Aparte.) (La causa de la cuestión
no puedo bien entender;
mas con Tristán he de hacer
de todo averiguación.)

Mancebo...

Tristán (Aparte.) Señor... (¡Por Dios,
que pienso que han escuchado
todo cuanto aquí ha pasado!)

Sancho ¿Que esto pasa, y que sois vos
cómplice de estos delitos?
Llegaos, llegaos.

Tristán Ya me llego.
(Aparte.) (Visto nos ha todo el juego;
mas tales fueron los gritos
de aquel demonio o mujer.)

Sancho Todo cuanto ha sucedido,
traidor, he visto y oído,
y lo primero ha de ser
que vos, que andáis de por medio
en las maldades que veis,
la justa pena llevéis.

Tristán (Aparte.) (Lo ha oído todo, no hay remedio.)

(Llamando.)

Sancho ¡Inés!

(Sale Inés.)

Inés Señor...

Sancho Al momento

vaya un criado, y aquí
me traiga un verdugo.

(Vase Inés, y vuelve poco después.)

Tristán ¿A mí
qué castigo, qué tormento
quieres darme? ¿En qué he pecado?
¿Puedes con razón culpar
en un criado el callar?

Sancho En ayudar sois culpado.

Tristán Tampoco en eso lo he sido;
porque si loco de amor
don Enrique, mi señor,
por Elena, se ha fingido
don Juan...

Sancho (Aparte.) (¿Qué escucho?)

Tristán ¿Debiera,
si de mí se confió,
descubrir el caso yo
aunque la vida perdiera?

Sancho (Aparte.) (¡Válgame Dios!)

Elena Ya verás,
padre, que no te engañé.

Sancho (Aparte.) (Más descubro que intenté.
pero saber lo demás

con cautela es conveniente.)
Ya yo de todo tenía
indicios; pero quería
hacer probanza evidente
de todo el caso, primero
que emprendiese la venganza.

Tristán — Fácil era la probanza;
que puesto que es forastero,
hay algunos en Milán
que a Enrique en España vieron,
y en Madrid le conocieron,
donde sus padres están.

Sancho — Pues, ¿cómo se prometía
de tanto engaño el secreto?

Tristán — Con abreviar el efeto;
que por eso no salía
de casa, por excusar
que alguno le conociera
y el secreto descubriera;
mas, ¿puedes, señor, culpar
que le haya servido yo
como criado fiel?

Sancho — No; mas decid. El papel
que de la manga sacó
a Elena...

Tristán — Fue fingimiento;
que Elena no le tenía.
Don Enrique lo traía

escrito para el intento
que puedes ya colegir
del suceso. Pero ¿quién
culpará que sirva bien,
el que bien puede servir?

Sancho — Nadie, ni fuera razón.
Pero, ¿quién es esta dama
con quien riñó?

Tristán — Ella se llama
Lucrecia, y la posesión
de su persona y honor
le entregó, como has oído,
con palabra de marido
que le dio Enrique.

Elena — ¡Ah, traidor!

Sancho — ¿Y dónde vive Lucrecia?

Tristán — En palacio, y es hermosa,
noble, rica y virtuosa;
mas Enrique la desprecia
con esperanza de hacer
con Elena el casamiento;
que a Nápoles lleva intento
de casarse con poder
desde allá con ella, y luego
que en el suyo sin defensa
la tenga en Nápoles, piensa
dar efeto a su amor ciego.
Dios sabe si lo he intentado

estorbar; mas ¿quién podrá
resistir a quien está
con amor determinado?

Sancho — Bien decís, y ya os remito
la pena que merecéis;
mas porque no le aviséis
de que sepa su delito,
quiero que estéis encerrado
en ese aposento. Entrad.

Tristán — Señor...

Sancho — ¿Replicáis? Callad.

Tristán — Servir es ser desdichado.

(Enciérrale don Sancho.)

Elena — ¿Qué te parece, señor,
que esté por falto de seso,
triste, maltratado y preso
mi hermano por un traidor?
¡Y que pensases que yo
te engañaba!

Sancho — Aun tú creyeras
que te engañabas si oyeras
los enredos que fingió.

Elena — Pues ¿qué aguardas, que no vas
a librar de tanta pena

a mi hermano?

Sancho — Importa, Elena,
pensarlo más.

Elena — ¿Quieres más
que una probanza tan clara?

Sancho — Si tantos hay que afirmaron
que le vieron y le hablaron,
antes que en mi casa entrara,
tantas veces en Milán,
y que es loco, ¡refirieron
los dislates que le oyeron!,
¿he de creer que es don Juan?

Elena — Que le vieron es muy cierto;
mas Hernando, su criado,
de la ocasión me ha informado
que a estar le obligó encubierto.

Sancho — ¿Y fue?

Elena — Que noticia tuvo
que el duque me pretendía
y averiguarlo quería
secreto, y por esto estuvo
rondando mi puerta y calle
muchos días recatado.
El duque está enamorado,
y debieron de encontralle
sus cuidadosas espías
mirando hácia mis balcones,

o con algunas acciones
atento a saber las mías;
y conociéndole aquí
aquella noche, informaron
de ello al duque, y le obligaron
a que celoso de mí,
creyendo que es mi galán,
por vengarse y estorbarme
que con él pueda casarme,
fingiese loco a don Juan;
y es clara esta presunción,
pues el duque y sus criados,
secretos y recatados,
maquinaron la intención.

Sancho

Piénsolo así; que si allí
verdad sencilla trataran,
ni de mí lo recataran,
ni se escondieran de ti.

Elena

No es la luz del Sol más clara.
Mas véle a ver, y podrás
de él, padre, informarte más;
que ni yo te aconsejara
que te arrojes sin hacello.

Sancho

Bien me aconsejas.

Elena

Espera;
que mejor traza pudiera
darnos evidencia dello.
Hacerle escribir, y ver
si es la letra de mi hermano.

......................[ -ano]
..................... [ -er]
..................... [ -itas]

Sancho — Dices bien.

Elena — Pues yo prevengo
las cartas suyas que tengo
desde las Indias escritas,
mientras tú le vas a hacer
escribir en tu presencia,
para que en esta experiencia
engaño no pueda haber.

Sancho — Voy a ejecutarlo luego.

(Vase don Sancho.)

Inés — ¡Qué prevenida has andado
en hacer que haya copiado
de letra suya don Diego
las cartas que mi señor
de tu hermano ha recebido!

Elena — Fuera de que le han servido
para informarse mejor,
mi padre, que ya leellas,
por su edad, no ha de poder,
las ha de dar a leer;
y reconociendo en ellas
las razones de don Juan,
no recelará este engaño.

Inés El enredo es más extraño
que vio en mil siglos Milán.

Elena Atrevido es el intento;
mas, quien supiere de amor,
sabrá perdonar mi error
y alabar mi entendimiento.

(Vanse. Salen el Duque y criados.)

Duque Abrázame. ¿Que don Juan
es cierto que se ausentó?

Criado I Por mis ojos le vi yo,
señor, partir de Milán.

Duque No puedes haberme dado
otra nueva más gustosa;
que guarda a su hermana hermosa
el necio con tal cuidado,
que la paciencia perdía.

Criado I No vi jamás forastero
tan reposado y casero,
porque no ha salido un día
siquiera a ver la ciudad.

Duque Pues si puedo, antes que él vuelva
he de hacer que se resuelva
la endurecida crueldad
de Elena a aliviar mi pena;
que usando de mi poder,
Paris segundo he de ser,

pues ella es segunda Elena...
Mas su padre viene aquí.

(Sale don Sancho.)

Sancho — Dadme los pies.

Duque — Levantad,
don Sancho. ¿Qué novedad
pudo tanto, que de mí
os acordasteis?

Sancho — Señor,
escuchad lo que han podido
de un don Enrique atrevido
el engaño y el amor.

(Hablan los dos criados aparte.)

Criado I — Sospecho que ha de emprender
el duque algún grande exceso;
que amor le priva del seso.

Criado II — Desde el decir al hacer
muy grande distancia veo.

Criado I — Resuelto está.

Criado II — Poco importa;
que la razón le reporta
si le enloquece el deseo.
Muchos verás que enojados
con los ardores primeros,

arrebatados y fieros
juran hacerse vengados,
y despues mudan intento,
porque el mismo amenazar
les sirve de mitigar
la furia del sentimiento.

Duque — ¿Hay mayor atrevimiento?
(Aparte.) (Y más si acaso el traidor
tuvo indicios de mi amor.)
Julio...

Criado I — Señor...

Duque — Al momento
en postas, en cuyos pies
las alas del viento ofendas,
has de partir, porque prendas
al falso don Juan.

Sancho — No es
dificultoso alcanzarlo;
que hoy se partió de Milán.

Criado I — ¿Y hacia dónde va don Juan?

Sancho — En el camino has de hallarlo
de Nápoles.

Duque — Pues ¿no vuelas?
¿Qué te detienes?

Criado I — Señor,

si volar sabe el Amor,
no habré menester espuelas.

(Vase.)

Sancho — Agora, si sois servido,
resta que a don Juan mandéis
sacar de prisión, pues veis
que sin culpa ha padecido.

Duque — Advertid que ser podría
otro engañoso galán.

Sancho — ¡Jesús, señor! Es don Juan,
si es clara la luz del día.
con que estas cartas veáis

(Mira el Duque las cartas.)

que me escribió de su mano
de Lima, veréis que en vano
nuevo engaño receláis;
y con ellas cotejad
esta letra y esta firma,
que, si es la misma, confirma
claramente esta verdad,
pues agora en mi presencia
lo escribió.

Duque — Una misma es
la letra y firma.

Sancho — Y después

de esta tan clara experiencia,
le examiné diligente
en cosas de que colijo
esta verdad, que mi hijo
las supiera solamente.

Duque

Pues, ¿cómo le vieron antes
tantas veces en Milán
mis criados, si es don Juan?

Sancho

Por negocios importantes
anduvo en Milán secreto,
y aun el nombre se mudó;
que don Diego se llamó
por dar más seguro efeto
a su disfraz; y si allí
que era loco os refirieron,
no digo que lo fingieron,
ni cupo jamás en mí
pensamiento que ofendiese
la fe de vuestros criados.
Lo que pienso es que engañados
de alguno que pareciese
a mi hijo, lo afirmaron,
o con alguna intención,
por ventura en ocasión
que ellos presentes se hallaron,
loco don Juan se fingió.
Y puesto que si es engaño,
es para mí solo el daño,
y quiero sufrirlo yo.
Vos no me podéis negar

esta merced.

Duque
Bien decís,
don Sancho, lo que pedís.
Parta luego a ejecutar
ese criado con vos.

Criado II
Vamos. ¡Sucesos extraños!

(Vase.)

Sancho
Prospere infinitos años
vuestro estado y vida Dios.

(Vase.)

Duque
¿Quédante más invenciones,
más novedades, más casos,
para impedirles los pasos,
Fortuna, a mis pretensiones?
¿o basta la resistencia
de Elena, sin aumentarme
estorbos para quitarme
la esperanza y la paciencia?
Ya de esto con causa infiero
que en Milán quiso ocultarse
don Juan para asegurarse.
...................... [ -ero].

(Vanse. Sale Hernando, por una puerta, y por otra doña Elena e Inés.)

Hernando
¡Vitoria, vitoria! ¡Inés!

¡Elena!

Elena ¿Qué es esto, Hernando?

Hernando Adelantéme volando,
señora, porque me des
albricias de que don Diego
viene libre.

Elena Esta cadena
recibe.

Hernando Con tal Elena,
no cante la suya el griego.

Elena ¡Que dieron fin nuestros daños!
¡Don Diego, que te he de ver!

Hernando Tanto han podido vencer
las prevenciones y engaños.

(Salen don Diego y don Sancho.)

Diego ¡Querida hermana!

Elena Don Juan,
¿posible es que tal deseo
he cumplido que te veo
en mis brazos?

Sancho (Aparte.) (¡Cómo dan
sus afectos naturales
probanza de la verdad!

¡Con qué amorosa piedad
se abrazan, dando señales
  la secreta simpatía
de la sangre!)

Diego — Ya yo olvido
la noche que he padecido,
viendo tan alegre día.

(Doña Elena habla aparte a don Diego.)

Elena — No me des tantos abrazos;
no demos que sospechar.

Diego — Bien dices. Volvedme a dar
la mano, padre, y los brazos;
  que no acabo de creer
que libre y con vos me veo.

Sancho — De mi amor y mi deseo
podéis lo mismo entender.
  Hoy el contento mayor
de mi vida he recibido.
Quien ser padre no ha sabido,
no ha sabido qué es amor.

Inés — Inés también a tus pies
te da del fin de tus penas
mil alegres norabuenas.

Diego — Yo te lo agradezco, Inés.

Sancho — Hijo...

Diego — Señor...

Sancho — Preveníos
para ir a besar la mano
al duque luego.

Elena — ¿Mi hermano,
cuando descréditos míos
y suyos, tan engañoso
intenta el Duque, a besarle
ha de ir la mano?

Sancho — Obligarle
conviene; que es poderoso,
y importa disimular,
aunque nos quiera ofender;
que a quien hemos menester
es fuerza lisonjear.

(Vase. Sale Tristán a una ventanilla baja de reja.)

Tristán (Aparte.) — (Al fin por lo que he podido
entender de lo que hablan,
ha venido el verdadero
don Juan ya. Pero, o se engañan
mis ojos, o el don Juan es
el que la noche pasa,
porque dijo que lo era,
llevaron de esta a la casa
de los locos. ¡Qué bien dicen,
que la verdad adelgaza

mas no quiebra! ¡Oh, si en albricias
de esto me desencerraran!)

Diego — Hernando, ¿fuese don Sancho?

Hernando — Fuera ha salido.

Diego — Pues guarda
esa puerta porque avises
si volviere; que está el alma
rebosando los fervores
de dicha tan deseada.
Bella Elena, dueño mío,
¿es posible que mis ansias
salen a puerto seguro
de un confusa borrasca?

Tristán — ¿Qué es esto?

Elena — Todo lo alcanza
La constancia y la porfía
de quien tan de veras ama
como tú, don Diego mío.

Tristán — (¡Vive Dios, que no es su hermana,
sino su dueño!) Otra es ésta.
Entendida está la maula;
con la misma flor nos dan.
Gran dicha ha sido escucharla
pues así me ha dado el cielo
torcedor con que les haga
que de esta prisión me saquen.

Diego — Solo una cosa me falta
de averiguar, que con dudas
me obliga a desconfianzas.

Elena — Dila pues.

Diego — ¿Quién pudo a Enrique
darle nuestra misma traza
sino tú?

Tristán (Aparte.) — (Agora entro yo.)
Yo lo diré si me sacan
de esta prisión.

Elena (Aparte.) — (¡Ay de mí,
que Tristán nos escuchaba!)

Hernando (Aparte.) (¡Perdidos somos!)

Diego — Elena,
¿qué es esto? ¿No me avisaras?

Elena — Descuido fue.

Inés — ¡Hay tal desdicha!

Elena — No me acordé de que estaba
Tristán donde nos podía
escuchar.

Tristán (Aparte.) — (¡Oh cuáles andan
con el gusano de ver

que yo he sabido la chanza!)

Diego — Podrá ser que todo el caso
no haya entendido.

Tristán — ¿No acaba,
señor don Juan o don Diego?

Hernando — Acabóse.

Tristán — ¿No le agrada
el concierto? Por salir
de sospechas, ¿no es barata
mi soltura? Pues no sé
quién saldrá de más pesada
prisión de los dos; que celos
son dura prisión del alma,
siendo del cuerpo la mía.

Elena — ¡Hay semejante desgracia!

Diego — ¡Qué descuido! ¡Vive Dios!

Hernando — Aquí dio fin la maraña
sin remedio.

Diego — Claro está
que Tristán no ha de callarla,
si le damos libertad,
a Enrique; y él, con la rabia
de mi dicha o mi desdicha,
será lengua de la fama
con don Sancho y con el duque.

Pues si no hacemos que salga
de esta prisión, a don Sancho
le ha de decir en venganza,
y por obligarle así
a soltarle, lo que pasa.

Hernando

Pienso que no fuera malo,
pues él dijo que tú estabas
loco, darle con la suya,
y hacer que goce la plaza
que en la casa de los locos
dejaste desocupada.

Diego

Ni tengo el poder del duque,
ni para remedio basta
acreditarle de loco;
que con tales circunstancias,
en pudiendo publicar
lo que ha oído, es cosa clara
que diera fuertes sospechas,
ya que no hiciera probanza.
Estoy por darle la muerte.

Elena

Lo mismo hará la amenaza
que la ejecución en él.

Diego

¿Caso de tanta importancia
he de fiar al temor?

Elena

¿Es mejor que a más desgracias
nos expongas, dando al duque
materia de venganza,

pues al fin ha de saberse?

Hernando Oye, señor, una traza.

(Habla bajo.)

Tristán (¿Qué saldrá de esta consulta?
Brava confusión les causa
ver que su secreto sé.)

Diego Dices muy bien.

Elena Extremada
industria, mientras el tiempo
mejor nos la ofrece.

Diego Salga,
Tristán, de prisión.

Tristán Valióme
entenderles la maraña.

Hernando Ven conmigo, Inés.

Elena Abrevia;
no venga mi padre.

(Vanse Hernando e Inés. Tristán se quita de la reja.)

Diego ¿Hay ansias,
hay temores, hay cuidados
mayores que los que pasa
el que tiene de un engaño

pendientes sus esperanzas?

(Sale Tristán.)

Tristán

Dejad que mi boca a besos,
pues no puedo con palabras,
a vuestros pies agradezca
tan grande merced.

Diego

Levanta,
y di, pues lo has prometido,
quién le dio a Enrique la traza
de hacerse hermano de Elena.

Tristán

Con una linterna estaba
en la calle, y con él yo,
una noche en asechanza...

(Sigue hablando bajo. Salen Hernando e Inés con un cordel.)

Inés

¿Un cordel ha de bastar
para servir de mordaza?

Hernando

¿Por qué no? ¿Quiéreslo ver?

(Atraviésase el cordel Hernando por dentro de la boca y prueba a hablar.)

No es posible hablar palabra.

Tristán

Éste es el caso.

Elena

¿Estás ya

satisfecho?

Diego — Más probanza
no es menester; que el papel
que yo llevé lo declara.

Tristán — Y porque no espera más,
señores, adiós.

Diego — Aguarda.

Hernando — Abrid la boca, mancebo.

Tristán — ¿Así cumples lo que tratas?
¡Aquí de Dios!

Diego (Saca la daga.) — ¡Vive el cielo,
que te dé mil puñaladas
si das voces o resistes!

Tristán — Pues yo, señor...

Hernando — Calle y abra
la boca.

Diego — Yo, si resiste,
se la abriré con la daga.

(Átanlo el cordel atravesado por la boca al celebro, como mordaza, y él da voces.)

Hernando — Hable ahora si pudiere.

Diego Quien los secretos no calla
de su dueño, de los míos
no merece confianza.

Hernando Vengan las manos, y sepa
(Átale las manos.) el hablador, noramala,
que quien por callar no sufre,
ha de sufrir porque habla.

Inés Mi señor viene.

Diego A buen tiempo.

(Sale don Sancho.)

Sancho ¿Qué es esto?

Hernando Si antes llegaras,
te taparas los oídos.

Sancho ¿Cómo?

Hernando Porque no le daban
libertad, este Lutero
no dejó santo ni santa
en toda la letanía
a quien no dijese infamias,
blasfemando.

Sancho ¡Oh mal cristiano!

Inés Y dijo que renegaba.

Hernando Si, que renegaba dijo.

Sancho ¡Jesús! ¡Jesús!

Diego Lo que pasa
han contado.

Elena Yo temí
que un rayo nos abrasara.

Sancho Con razón.

Hernando Pues con las voces
que agora no articuladas
está dando, apostaré
que reniega con el alma,
por no poder con la boca.

Sancho Hagan luego una mordaza
de hierro con su candado;
y si esta pena no basta,
entradle en ese aposento,
y del cabello a la planta
dos mil azotes le dad.
¡Jesús, Jesús! ¡Dios me valga!

(Vase don Sancho.)

Hernando Ya empiezo a desatacarle.

Diego Bien se ha hecho, Elena.

Elena Nada

se hace bien mientras con bien
de estos peligros no salgas.

Inés

Tristán, paciencia; que así
no estuvieras si callaras.

Hernando

No hay que hacer sino tascar
el freno y sufrir la carga.

(Vanse. Salen en Duque y el Criado II.)

Criado II

Ya, señor, Julio ha llegado
con Enrique a la ciudad,
y a saber tu voluntad
antes de entrar ha enviado.
Ordena lo que ha de hacer.

Duque

Parte y di que a mi presencia
le traiga; que la inocencia
o culpa quiero saber
de sus labios, que ha tenido
en sus engaños Elena,
antes que darla la pena
resuelva que ha merecido.

(Vase el Criado II. Sale doña Lucrecia, con manto.)

Lucrecia

Gran duque de Milán, de cuya espada
tiene el mundo el valor jamás vencido;
Lucrecia desdichada
el rostro a vuestros pies pone ofendido,
hasta que el desagravio le conceda
honor con que mirar el vuestro pueda

en tranquila quietud, en paz segura,
muchos bienes gozaba en pocos años,
cuando mi suerte dura,
que cuidadosa fabricó mis daños,
al ciego Amor, de quien estaba ajena,
tomó por instrumento de mi pena.
Un falso, un alevoso, un fementido,
Enrique entonces y don Juan agora,
lisonjeó mi oído
con dulce voz y lengua encantadora;
y con palabra que me día de esposo,
solicitó, alcanzó y huyó engañoso.
De suerte se ocurrió que la esperanza
perdí de que jamás alcanzarla
remedio ni venganza.
Halléle al fin que de Milán partía,
acusé su traición, oyóme esquivo,
hablóme falso y fuese vengativo.
Éste es el caso, duque poderoso.
Mirad si es bien que cuando el mundo os llama
justiciero y piadoso,
para que se oscurezca vuestra fama
sufráis que una mujer viva ofendida
libre el delito y la razón vencida.

Duque

Alza, Lucrecia, y cobra confianza
de que con la cabeza o con la mano
tu honor o tu venganza
hoy satisfaga tu ofensor tirano,
que preso viene ya; y el cielo creo

que la ocasión previno a tu deseo.

(Salen el Criado I y Enrique, de camino.)

Criado I — Tu mandamiento, señor,
cumplí, como ves.

Lucrecia — ¡Ah falso!

Enrique — Dame tus pies.

Duque — Atrevido
Enrique, Enrique villano,
que no tiene sangre noble
quien hace tales engaños,
¿cómo osaste, di, ofender
no solamente a don Sancho,
sino a mí, diciendo que eras
don Juan?

Enrique — De amor abrasado.

Duque — ¿Y cómo a mover te atreves
esos fementidos labios?

Enrique — En ese papel de Elena

(Date un papel y lee el Duque.)

Verás todo mi descargo;
que mis enredos han sido
por orden suya trazados.
Y si has sabido de amor,

no solo perdón aguardo
de mi error, sino piedad.

Duque (Aparte.) (¡Ah, enemiga! Estos engaños;
¿quién sino tú los hiciera?
¡Vive Dios, que he de vengarlos
publicando tu bajeza!)
Parte, Julio, y a don Sancho
di que traiga a Elena aquí;
que averiguar cierto caso
en su presencia conviene.
(Aparte.) (Hoy la opinión y la mano
del que adoras perderás.
La Fortuna lo ha ordenado,
cansada de tu rigor
y ofendida de mi agravio.)
Enrique, escucha. Lucrecia...

Lucrecia Señor...

Duque Llega.

Enrique (Aparte.) (¡Ay desdichado!
Todo el mal me viene junto.)

Duque O no me indignes negando
la verdad, o morirás.
Mira que estoy enojado.
¿Conoces esta mujer?
¿Sabes que a darle la mano
te obliga su honor, Enrique?

Enrique Presto estoy para pagarlo.

(Aparte.) (Tiene Lucrecia testigos.
Ya a Elena perdí. ¿Qué aguardo?
El confesar es forzoso.)
No puedo, señor, negarlo.

Duque Pues con que su esposo seas
me verás desenojado.

Enrique Resistir fuera delito.

(Vale a dar la mano.)

Duque Detente; que a Elena aguardo,
y quiero saber si estás
a ella también obligado,
(Aparte.) (No quiero sino quebrarle
los ojos.) con que la mano
le des en presencia suya
a Lucrecia.

(Salen doña Elena, con manto, Sancho, don Diego, Hernando e Inés.)

Sancho A tu mandado
venimos, señor, los tres.

Duque Esto fue fuerza, don Sancho.
Elena, ¿es tuya esta letra?
Pero ya lo ha confesado
la grana de tus mejillas.

(Lee Elena el papel.)

Elena — Yo tengo en Lima un hermano
no puedo negar que es mía.

Duque — Pues a Enrique has disculpado,
supuesto que él se fingió
por orden tuya tu hermano.

Sancho — ¡Ah enemiga de mi honor!

Duque — Enrique, dadle la mano
a Lucrecia.

Enrique — Tuyo soy.

Lucrecia — Yo tu esposa.

(Aparte hablan el Duque y Elena.)

Duque — Así mi agravio
y tu liviandad castigo,
pues te quita un mismo caso
el amante y el honor.

Elena — Eso no; que restaurarlo
sabré yo, que quiero más
que vos quedéis indignado
que perdida mi opinión.
(A todos.) Ese papel de mi mano
a las de Enrique llegó,
como él dirá, por engaño,
puesto que yo le escribí
para don Diego de Castro,
que es el que tenéis presente,

y es mi esposo, y no mi hermano.

Sancho ¡Otro enredo!

Hernando Declaróse.

Duque ¡Vive Dios, que estoy rabiando
de enojo!

Diego No os admiréis,
señor, porque a tales casos
obliga el amor violento
de un príncipe enamorado;
y así, pues fue la intención
del engaño no indignaros.
Y sois justo, a vuestros pies
que me perdonéis aguardo.

(Aparte al Duque.)

Criado I ¿Qué has de hacer? Pide justicia,
y tú no has de ser tirano.

Duque (Aparte.) (Cuente el mundo entre mis glorias
esta hazaña, pues alcanzo
victoria de mis pasiones.)
Gozadla felices años,
don Diego.

Diego Mostráis al fin
que sois príncipe cristiano.
(A don Sancho.) Vos, señor, con el perdón

me dad la mano.

Sancho (Aparte.) (Casados
están ya, ¿qué puedo hacer?)
La mano os doy y los brazos.

Enrique Y yo al auditorio gracias
y este ejemplo, en que he mostrado,
que aunque el engaño mejor
es dar con el mismo engaño,
quien más engañare al fin
quedará más engañado.

Fin de la comedia

## Libros a la carta

A la carta es un servicio especializado para
empresas,
librerías,
bibliotecas,
editoriales
y centros de enseñanza;

y permite confeccionar libros que, por su formato y concepción, sirven a los propósitos más específicos de estas instituciones.

Las empresas nos encargan ediciones personalizadas para marketing editorial o para regalos institucionales. Y los interesados solicitan, a título personal, ediciones antiguas, o no disponibles en el mercado; y las acompañan con notas y comentarios críticos.

Las ediciones tienen como apoyo un libro de estilo con todo tipo de referencias sobre los criterios de tratamiento tipográfico aplicados a nuestros libros que puede ser consultado en Linkgua-ediciones.com.

Linkgua edita por encargo diferentes versiones de una misma obra con distintos tratamientos ortotipográficos (actualizaciones de carácter divulgativo de un clásico, o versiones estrictamente fieles a la edición original de referencia).

Este servicio de ediciones a la carta le permitirá, si usted se dedica a la enseñanza, tener una forma de hacer pública su interpretación de un texto y, sobre una versión digitalizada «base», usted podrá introducir interpretaciones del texto fuente. Es un tópico que los profesores denuncien en clase los desmanes de una edición, o vayan comentando errores de interpretación de un texto y esta es una solución útil a esa necesidad del mundo académico.

Asimismo publicamos de manera sistemática, en un mismo catálogo, tesis doctorales y actas de congresos académicos, que son distribuidas a través de nuestra Web.

El servicio de «libros a la carta» funciona de dos formas.

1. Tenemos un fondo de libros digitalizados que usted puede personalizar en tiradas de al menos cinco ejemplares. Estas personalizaciones pueden ser de todo tipo: añadir notas de clase para uso de un grupo de estudiantes, introducir logos corporativos para uso con fines de marketing empresarial, etc. etc.

2. Buscamos libros descatalogados de otras editoriales y los reeditamos en tiradas cortas a petición de un cliente.

Printed in Poland
by Amazon Fulfillment
Poland Sp. z o.o., Wrocław

69735772R00081